En couverture : s'ouvrant sur l'océan Atlantique, le port de La Rochelle ceint de ses deux tours, la tour Saint-Nicolas et la tour de la Chaîne, invite au voyage et à l'évasion.
En 4e de couverture : la mosquée de la maison de Pierre Loti, à Rochefort.
En pages précédentes : au bord d'une falaise escarpée et rongée par les flots, se dresse la masse trapue de l'église Sainte-Radegonde de Talmont-sur-Gironde, « ancre très assurée de ceux qui sont en péril de mer ».
En pages 94-95 : à la pointe de Chapus, le soleil à son coucher dessine la silhouette de Fort Louvois.

 Ce livre a été imprimé par Pollina à Luçon (85).
La photogravure couleur est de P.P.L. à Luçon (85) et de Photogravure d'Aquitaine à Bordeaux (33).
ISBN : 2.87901.158.2 – Éditeur : 466.02.05.05.02 – N° d'impression : 86744

Charente-Maritime

Dans le bassin de Marennes-Oleron, l'élevage et la commercialisation des huîtres dans les parcs établis sur le domaine public sont un des éléments essentiels de la vie économique.

Louis Desgraves

Charente-Maritime

Photographies d'André Barathieu,
Bertrand Cabrol, Pascal Moulin
et Guy-Marie Renié

ÉDITIONS SUD OUEST

Deux anciennes provinces, l'Aunis et la Saintonge, ont été réunies pour former le département de la Charente-Maritime. Ces terres ont été habitées dès la plus haute antiquité et à l'époque gallo-romaine. De multiples témoignages attestent cet habitat ancien : les outils du paléolithique inférieur trouvés près de la Charente ; les grottes et les abris sous roche de la Roche-Courbon et d'Avy ; les restes d'un squelette néanderthalien de l'abri de la Roche à Pierrot remontant au paléolithique supérieur ; le Périgourdin dont des restes sont attestés à Saint-Porchaire et au Douhet ; le Magdalénien, sur le site d'Heurtebise à Jonzac ; les camps du néolithique moyen repérés par la photographie aérienne, tel celui du Pont-d'Husson à Bougneau.

Dès 3000 avant Jésus-Christ, s'installe, à l'époque du néolithique moyen, la civilisation des Matignons, avec les sites de Semussac ou d'Ors. La civilisation de Peu-Richard, à partir de 2000 avant notre ère, est révélée par les fouilles du camp de Thénac, par les sites de La Jard, Berneuil, Montils, avec leurs camps fortifiés. Les tombes mégalithiques prouvent aussi l'ancienneté de l'habitat : dolmens circulaires à couloirs, comme à Saint-Trojan, ou groupés sous un seul tumulus à Peu-Pierreux, au Bois-en-Ré ; tumulus géants de l'Aunis à Bouhet, Saint-Jean-de-Liversay, Saint-Saturnin. Vers 1800 avant Jésus-Christ, la civilisation d'Artenac pénètre en Saintonge et en Aunis, s'installe sur des gisements fortifiés naturellement, à Mérignac, Saint-Romain-de-Benêt, Saint-Saturnin-sur-Boutonne.

Pendant la « *pax romana* », l'Aunis et la Saintonge connaissent une grande prospérité attestée, en particulier, par la richesse monumentale de Saintes.

L'allée couverte de Pierre-Folle, monument mégalithique à Montguyon, témoigne du peuplement antique de la Saintonge.

L'église romane Notre-Dame de Surgères avec sa large façade de sept arcatures sur deux registres et son clocher octogonal.

Des paysages lumineux et variés.

Les paysages variés de la Charente-Maritime sont dessinés par un fleuve, la Charente, par l'Océan Atlantique qui baigne ses rivages, par les marais et la terre, parfois intimement mêlés, souvent nettement séparés.

La Charente prend naissance en Haute-Vienne ; après avoir traversé Angoulême et Cognac, elle irrigue la Charente-Maritime à travers les douces collines de la Saintonge jusqu'à Saint-Savinien où les effets de la marée se font sentir, et achève sa course lente et paresseuse dans l'Océan Atlantique, en un vaste estuaire, à Port-des-Barques, en aval de Rochefort-sur-Mer. Les accès de son embouchure sont protégés par l'archipel saintongeais et aunisien formé par les îles d'Aix, Madame, Oleron et Ré détachées du continent et formant le long du littoral atlantique un collier de perles aux nuances multiples. Le fleuve, au cours paisible, mais capable de redoutables débordements dont Saintes et sa région sont trop souvent la victime, marque la séparation entre la Saintonge et l'Aunis, délimitant deux anciennes provinces qui conservent leurs caractères propres.

Les tons du ciel inondé d'une éclatante luminosité, même lorsque les vents d'ouest y roulent d'épais nuages gris et noirs, se modifient à tout instant. Jules Michelet a été sensible à cette symphonie de couleurs allant du bleu méditerranéen aux sombres couleurs des jours de tempête : « Des eaux de mer et des eaux douces s'élèvent des nuages irisés qui projettent sur le miroir d'où ils viennent, d'étranges couleurs, verts clairs, roses et violets. Des créations fantastiques, qu'on ne voit qu'un moment pour les regretter, décorent de monuments bizarres, d'arcades hardies, de ponts sublimes, parfois d'arcs de triomphe, la porte de l'Océan ».

Au nord de la Charente, en Aunis, l'ancien golfe du Poitou a été progressivement comblé, au cours des siècles, par des dépôts marins, les bris ; avec ses marais, mais aussi avec ses riches terres à blé et à pâturage, la campagne est parsemée de villages dont la blancheur s'accorde harmonieusement avec la luminosité du ciel. En Saintonge, les campagnes aux vertes collines entourent Saintes, Archiac et Jonzac, avec leurs vignobles et leurs prairies artificielles, contrastant avec les Bois de la Saintonge méridionale, la Haute-Saintonge. Autour de Marennes, le « cloaque santon » de Strabon, que les cartes du XVIIIe siècle appellent encore le « pays des îles de la Saintonge », a été peu à peu rattaché au continent par des alluvions marines.

Au bord de l'Océan Atlantique, la vie est rythmée, deux fois par jour, par les marées dont le cycle est sans cesse recommencé avec la pleine mer et la basse mer, avec le « mort d'eau », marée de basse amplitude, et la « maline », marée de grande amplitude. Ces masses d'eau sont en perpétuels mouvements, souvent imprévisibles ; elles sont, en effet, parfois somnolentes, mais souvent aussi agitées par des vents d'ouest, traversées par des courants qui déplacent des tonnes de sable, formant, en particulier dans le pays d'Arvert et dans le sud de l'île d'Oleron des dunes qui « marchaient », ensevelissant villages et habitations, avant d'avoir été fixées au XIXe siècle par les plantations de pins maritimes.

L'estivant ne connaît que l'aspect pacifique de cette mer mouvante et toujours renouvelée. En automne et en hiver, l'Océan montre son visage d'épouvante. Les tempêtes modifient le rivage, rongeant les falaises qui s'écroulent minées par les assauts des lames ; ailleurs, au pied des dunes, elles déchaussent les arbres et font basculer sur les plages les casemates du Mur de l'Atlantique. Témoin d'une tempête, au mois d'octobre 1859, Jules Michelet en a donné dans *La Mer* une description hallucinante :

« J'observai cette tempête d'un lieu aimable et paisible, dont le caractère très doux ne faisait rien attendre de tel. C'est le petit port de Saint-Georges, près de Royan, à l'entrée de la Gironde [...] J'avais lu mille descriptions de tempêtes et je m'attendais à tout [...] Mais ici, cinq jours et cinq nuits, sans trêve, sans augmentation ni diminution, ce fut la même fureur et rien ne changea dans l'horrible, une mer de plomb et de plâtre, odieuse et désolante de monotonie furieuse. Elle ne savait qu'une note. C'était toujours le hurlement d'une grande chaudière qui bout [...] Nous habitions sur la plage, nous y étions plus que spectateurs de cette scène, nous y étions mêlés. Elle ne frappait pas un coup que la maison ne tremblât [...] Le grand hurlement n'avait de variantes que les voix bizarres, fantasques du vent acharné sur nous [...] C'étaient des plaintes aiguës, par la cheminée, des désolations de ne pas entrer [...] enfin des emportements, d'effrayantes tentatives d'enlever le toit [...] J'apercevais par les fentes des volets, une chose qui donnait la mesure de ces forces incalculables. C'est que les vagues, croisées et brisées contre elles-mêmes, souvent ne pouvaient retomber. La rafale, par-dessous, les enlevait comme une plume, ces pesantes masses, les faisant fuir par la campagne [...] ».

Au sud de l'île d'Oleron, le pertuis de Maumusson draine vers lui les violents courants de la mer qui, en tourbillons, se précipitent impétueusement vers le large. L'hiver, les flots qui s'engouffrent dans le pertuis produisent un bruit continu : Maumusson « gronde », disent les Oleronais. Ce grondement de la mer en furie, puissant et sourd, se mêle au bruissement des arbres, en une âpre symphonie, aux notes basses et profondes.

Dans son *Voyage aux Pyrénées*, Victor Hugo a décrit ce « nombril de la mer. Les eaux de la Seudre, les eaux de la Gironde, les grands courants de l'Océan, les petits courants de l'extrémité méridionale de l'île d'Oleron pèsent à la fois sur les sables mouvants que la mer a entassés sur la côte et font de cette mer un tourbillon. Ce n'est pas un gouffre, la mer paraît plane et unie à la surface, à peine y distingue-t-on une flexion légère ; mais on entend sous cette eau tranquille un bruit formidable. Tout gros navire qui touche le pertuis est perdu. Il s'arrête court, puis s'enfonce lentement, s'enfonce toujours, et décroît en hauteur peu à peu. Bientôt on ne voit plus les sabords, puis le pont plonge sous la vague, puis les vergues et les huniers, on ne distingue plus que la pointe du mât, puis une petit ride se fait dans la mer : tout a disparu. Rien ne peut arrêter dans son mouvement lent et terrible la redoutable spirale qui a saisi le navire ».

Le vert des prairies, le jaune du colza et le bleu du ciel sont des couleurs fréquemment rencontrées, comme ici, aux environ de Saint-Jean-d'Angély, quand on parcourt la Charente-Maritime à la fin du printemps.

La côte sauvage, près du phare de la Coubre, balayée par les vents venus du large.

A Chassiron, pointe nord de l'île d'Oleron, que les cartes anciennes appellent le bout du monde, la terre se resserre, l'île se rétrécit pour ne plus former qu'une bande étroite, balayée par les vents venus de tous les points de l'horizon et qui, ne rencontrant aucun obstacle, se livrent à une ronde infernale. Proue de navire qui se dirige en plein océan, en butte aux attaques de la mer et des vents, la pointe de Chassiron est un lieu âpre et sauvage où seules poussent quelques haies de tamarins. Ici, l'océan vient battre la falaise et, par ses assauts furieux la ronge et l'effrite. Les jours de forte tempête, la mer disparaissant sous une écume blanche, monte à l'assaut de la falaise et du phare d'Antioche. Les vagues s'élancent, telles des Walkyries chevauchant leurs cavales ; leurs crinières blanches galopent en hennissant depuis l'Amérique du nord.

Le pertuis d'Antioche, entre les îles d'Oleron et de Ré, a été le lieu de nombreux naufrages dont témoignent les carcasses de navires enfouies autour du rocher sur lequel a été édifié le phare entre 1917 et 1924. Un des plus dramatiques naufrages fut, le 2 décembre 1924, celui du *Port Caledonia*, un quatre-mâts finlandais, qui disparut corps et biens.

Mais l'océan offre au visiteur des spectacles plus apaisants. Quelle charmante randonnée, pour qui goûte les longues promenades que de gagner la côte sauvage en traversant la forêt de Saint-Trojan, verte en toute saison, parfumée par l'odeur de la résine, embaumée, au printemps, par le parfum des genêts et des ajoncs dont le jaune éclatant forme avec le vert des sous-bois une palette de couleurs éclairée par un soleil radieux. Le promeneur est récompensé par le spectacle qui s'offre à lui, par les mille bruits changeants qui charment ses oreilles, par les senteurs des fourrés qui imprègnent son odorat. Et puis, quel merveilleux spectacle au terme de cette randonnée que la découverte de la côte sauvage ! La mer immense qu'aucune terre ne limite à l'horizon, s'étend devant le promeneur dont les pieds foulent un sable dur et fin. Quelle grandeur dans cette solitude que seul le vol des mouettes vient troubler un instant ! Pierre Loti a admirablement exprimé la poésie, à la fois douce et terrible qui se dégage de ce spectacle impressionnant :

« La Grand Côte, ou la Côte sauvage, est toute cette partie de l'île qui regarde le large, les infinis de l'océan : partie sans cesse battue par les vents d'ouest. Ses plages s'étendent sans aucune courbure, droites, infinies, et les brisants de la mer arrêtés par rien, aussi majestueux qu'à la côte saharienne, y déroulent sur des lieues de longueur, avec de grands bruits, leurs tristes volutes blanches. Région âpre, avec des espaces déserts, région de sables où de tous petits arbres, des chênes verts nains, s'aplatissent à l'abri des dunes. Une flore spéciale, étrange, et, tout l'été, une

Les marais salants d'Ars-en-Ré restent parmi les derniers à être encore en activité. Le sel a constitué jusqu'au XIXe siècle la richesse essentielle du rivage atlantique, comme le soulignait Claude Masse, à la fin du XVIIe siècle, en observant que les marais salants « rapportent un revenu beaucoup plus liquide que les Indes au roi d'Espagne »

profusion d'œillets roses qui embaument. Deux ou trois villages seulement, séparés par des solitudes, villages aux maisonnettes basses, aussi blanches de chaux que des casbah d'Algérie et entourées de certaines espèces de fleurs qui peuvent résister au vent marin ».

Cette rudesse de la mer, avec ses colères imprévisibles que nulle force humaine ne saurait arrêter, explique la densité des phares : Cordouan, la Coubre, Chassiron, Antioche, les Baleines, les Baleineaux, Chauveau, Aix, constituent autant de sources lumineuses qui, avec les amers, repères côtiers, tels les clochers de Marennes, Saint-Pierre-d'Oleron ou Ars-en-Ré, guident les marins. A la tombée de la nuit, les feux des phares forment autour du littoral une avenue lumineuse, entrecroisant leurs faisceaux, illuminant, à intervalles réguliers, l'horizon, spectacle sans cesse renouvelé et toujours changeant.

Les ressources de l'Océan.

La mer constitue pour les habitants de son rivage une ressource essentielle. Le varech, le « sart », récolté sur la côte et utilisé comme engrais donne aux vins des îles un léger parfum iodé. La pêche artisanale dans les pertuis et en haute mer ne cesse d'apporter une contribution importante à l'économie régionale. Mais, du Xe au XIXe siècle, le sel produit par les marais salants des îles de Ré et d'Oleron et de la région de Marennes, a constitué la richesse essentielle du rivage atlantique, comme le soulignait Claude Masse, à la fin du XVIIe siècle, en observant que les marais salants « rapportent un revenu beaucoup plus liquide que les Indes au roi d'Espagne ». Dès le Xe siècle, les abbayes de Notre-Dame de Saintes, de la Trinité de Vendôme étaient propriétaires de salines dans les marais de Brouage et de la Seudre. Encouragé par les moines et les seigneurs laïques, le creusement des marais fertilisa les terres basses, si bien que la bourgeoisie naissante acquit, dès le XVe siècle, les salines, qui se « gâtaient », pour les restaurer. Les « flottes du sel » venaient d'Angleterre, de Hollande et des ports de la Hanse chercher leur précieuse cargaison. La perception de l'impôt sur le sel, la gabelle, donna lieu à de nombreuses émeutes, en particulier, entre 1541 et 1548, années au cours desquelles les « isles » de Marennes et d'Arvert se soulevèrent contre le pouvoir royal. En dehors de l'île de Ré où quelques tonnes de sel sont encore récoltées dans le Fier d'Ars, les marais salants, abandonnés faute de rentabilité, ont été, en partie, transformés en claires pour l'élevage des huîtres.

L'ostréiculture, dans le bassin de Marennes-Oleron et dans l'île de Ré, est, avec la culture des moules, la mytiliculture, la ressource essentielle du rivage charentais. Au siècle dernier, les huîtres indigènes, ou huîtres plates, s'entassaient en bancs épais. A partir de 1886, débute la culture des huîtres portugaises amenées à la suite d'un accident de navigation : un navire portugais porteur d'un chargement fut obligé de relâcher à Royan, par suite d'avaries ; il jeta sa cargaison par-dessus bord, la croyant perdue. Mais il n'en était rien. Une traînée de germes s'étendit de Terre-Nègre à Talmont. Trouvant là un terrain favorable, les huîtres portugaises couvrirent rapidement les côtes de la Gironde, puis celles de la Saintonge et de l'Aunis.

Les parcs à huîtres établis sur le domaine public et signalés par des piquets enfoncés dans les bancs vaseux sont concédés par l'administration des domaines. De faible étendue, les concessions conservent à l'exploitation un caractère familial. Avant de devenir adulte et d'être livrée à la consommation, l'huître réclame des opérations délicates. C'est d'abord la fixation du naissain sur des collecteurs de nature variée : chapelets de coquilles et d'ardoises, barres de fer, moellons, etc. Puis vient l'éclaircissement destiné à donner de la place au naissain, au fur et à mesure de son développement. Dans un premier parc, on procède, pendant un ou deux ans, au demi-élevage, époque au cours de laquelle les huîtres doivent être protégées des déprédateurs. Avant de les élever dans un second parc, on procède au détroquage pour séparer les jeunes huîtres de leurs collecteurs ; le détroquage accompli, il faut de six mois à un an pour que les huîtres soient livrées à la consommation.

Dans le bassin de Marennes-Oleron, on a recours à une étape supplémentaire, l'affinage en bassins naturels d'eau claire qui donne à l'huître ainsi traitée sa saveur particulière. Les claires sont des bassins creusés dans des sols imperméables. Leurs dimensions sont réduites, de 300 à 500 m^2, leur profondeur faible, l'eau ne dépassant pas habituellement 50 cm. Il s'agit de marais naturels aménagés, d'anciennes salines converties à l'ostréiculture ou, plus rarement, d'installations créées de toutes pièces. Les claires sont contiguës et séparées par d'étroits talus, les « abotteaux ». L'alimentation en eau est assurée par des chenaux aboutissant à un réseau complexe de fossés secondaires, les « ruissons », qui la distribuent dans les claires au moyen d'une encoche pratiquée dans « l'abotteau », la « dérase ». La hauteur de la « dérase » permet le maintien du niveau d'eau de mer propre au développement du plancton et de la marennine. Au printemps, les claires sont vidées et laissées en jachères ; tous les 4 ou 5 ans, elles sont recreusées.

Des cabanes édifiées en planches goudronnées, surmontées d'un toit à tuiles rouges, abritent le matériel des ostréiculteurs et s'alignent au bord des chenaux de la Seudre et d'Oleron. En toute saison, le va-et-vient des bateaux à moteur et des pinasses constitue un spectacle pittoresque et témoigne du long et pénible travail des ostréiculteurs. Cette fragile richesse exige, en effet, des hommes des soins attentifs et journaliers, car elle est soumise à des aléas : tempête qui bouleverse les parcs, invasion de moules qui étouffent les huîtres, étoiles de mer vidant de leur substance les jeunes coquilles.

Dans la baie de l'Aiguillon, à Chatelaillon et à Boyardville, la mytiliculture contribue à l'enrichissement de la vie économique. Au milieu d'une forêt de pieux enfoncés dans la vase, parcourus par de petits bateaux, les acons, les mytiliculteurs d'Esnandes et de Charron récoltent chaque année, dans les bouchots, plus de 11000 tonnes de moules ; la délicieuse mouclade est un des plats les plus appréciés de la gastronomie charentaise.

Encerclé par les marais, Brouage dont Richelieu avait voulu faire une forteresse et un port rivaux de La Rochelle, offre le spectacle de ses fortifications cernées par la vase des marais qui s'étendent sur une zone de plusieurs kilomètres, alors qu'au XVIIe siècle la mer venait battre les murailles de la ville.

Vue générale de Royan et de son nouveau port. Après le bombardement de 1945 qui la détruisit, une ville neuve surgit du sol labouré par les bombes. Du Royan antérieur, un seul monument, l'église Saint-Pierre, était resté debout. On conçut un vaste front de mer en arc, de larges avenues, un boulevard ombragé clos par un marché couvert en forme de parapluie qui inspira le CNIT de la Défense, à Paris.

La façade atlantique.

Entre l'embouchure de la Gironde et la baie de l'Aiguillon, de Talmont, dont l'église, « ancre très assurée de ceux qui sont au péril en mer » domine l'estuaire, à la côte vendéenne, se développe une façade maritime de 463 kilomètres, le long de laquelle, sur le continent et dans les îles, le tourisme estival connaît un prodigieux essor, bien que limité aux mois d'été, malgré les efforts tentés pour étendre la saison au printemps et à l'automne, efforts amplement justifiés par la douceur du climat.

La mode des bains de mer lancée sous la Restauration par la duchesse de Berry transforme, en quelques dizaines d'années le rivage atlantique. Royan qui fut peut-être le *Novioregum oceani littora Santonici* des Romains, chanté par Tibulle, fut la première cité à ressentir les effets du goût nouveau. A côté de la bourgade de pêcheurs, porte de l'estuaire vers Bordeaux, surgit une ville nouvelle qui ne cessa de se développer jusqu'au terrible bombardement de la nuit du 4 au 5 janvier 1945 ensevelissant sous les ruines plus d'un siècle d'efforts et de réussites. Dès 1819, l'affluence des baigneurs dans la « Perle de l'Océan », venus de Bordeaux et des cités saintongeaises, était telle que le maire dut réglementer la police des bains. Les premières cabines, dans le goût de Marcel Proust, montées sur chariot et roulées jusqu'au bord de l'eau furent installées en 1824. Le nombre des estivants passa de 5000 en 1839 à près de 10000 en 1856. Submergée par ce flot de touristes, la ville s'étend à partir de 1860 vers le nord-ouest ; au milieu des dunes couvertes de fougères, d'ajoncs et de chênes verts, la cité neuve de Pontaillac s'édifie peu à peu. Un des facteurs qui contribua à la fortune de la station balnéaire fut le service de bateaux à vapeur qui fonctionna régulièrement entre Bordeaux et Royan à partie de 1829. L'arrivée de la voie ferrée, en 1875, donna un nouvel essor à la ville.

Des sociétés anonymes rassemblent des capitaux, mettent en valeur les terres. La Société civile des bains de mer de Royan édifie le casino de Foncillon. Émile Zola, Arsène Houssaye, François Coppée, Alphonse Daudet, Jules Massenet viennent y chercher repos et délassement. Après 1914, la fièvre de construction reprend de plus belle. L'été, 120000 estivants fréquentent Royan, centre d'un chapelet de plages qui s'étendent de Meschers à la Grande-Côte. Plusieurs rangées de tentes multicolores s'alignent sur la grande conche. Foncillon, au nord, encadre les villas édifiées à l'aube du siècle et son monumental casino aux campaniles Renaissance ; au sud, le boulevard Garnier conduit au quartier du Parc, asile de paix et de tranquillité créé en 1885 ; les villas dispersées parmi les pins et les yeuses semblent, comme l'a noté Louis Papy, « endormies dans un demi-jour de cloître ». Après le désastre de 1945, une ville neuve surgit du sol labouré par les bombes. Du Royan antérieur, un seul monument, l'église Saint-Pierre, était resté debout. Claude Ferret et Louis Simon ont conçu un vaste front de mer en arc, de larges avenues, un boulevard ombragé clos par un marché couvert en forme de parapluie qui inspira le CNIT de la Défense, à Paris. Partout de grands ensembles percés de vastes baies, des toits faussement plats, des façades qui ressemblent aux casiers du peintre cubiste Pieter Mondrian. Guillaume Gillet édifia en béton coffré l'église Notre-Dame, ainsi décrite par Jacques Couvert : « Point d'exclamation dans le paysage urbain, puissante comme un oiseau marin s'appuyant sur la houle avant l'envol, son architecture arrogante, unique au monde, est l'alliance d'une volonté symbolique et de la recherche de pointe d'alors ».

De Meschers à la pointe de la Coubre, la « Côte de Beauté » ne cesse d'attirer les touristes. De Pontaillac au promontoire de Vallières, les conches de Royan se déploient dans un cadre unique : les falaises couronnées de bois sont battues par la mer qui se précipite avec un sourd grondement dans leurs profondes excavations. Tout au bout de ce cap déchiqueté, face à la pointe de Grave qui lui fait pendant sur le rivage médocain, Royan développe en éventail sa magnifique conche longue de plus de quatre kilomètres. Puis c'est la page de Foncillon, jadis réservée aux dames ; voici encore la conche du Chay et l'anse du Pigeonnier, et, après un dernier promontoire, Pontaillac au milieu des pins et des chênes verts.

Toutes ces plages, au sable fin, au sol bien plan, sont séparées les unes des autres par des falaises qui les entourent sur trois côtés et les protègent des vents violents venus du large. Les assises du rocher s'avancent fort loin sous la mer, et émergent à marée basse. Sur le rocher, les algues vertes et noires imprégnées d'eau salée et iodée dissimulent les « jambes » qui, telles des ventouses, adhèrent à la pierre. Dans les « casses », petites flaques d'eau répandues au pied des rochers, les crevettes roses et grises sont prises avec des « trioules » et des balances. La pêche à la palourde requiert plus de patience ; profondément enfoncée, elle ne se laisse prendre que par celui qui sait distinguer, à travers le sable et l'eau, les deux trous juxtaposés qui décèlent sa présence.

Saint-Palais-sur-Mer ouvre la porte de la Grande-Côte. Tout près du phare de Terre-Nègre, le puits de Lauture est un bassin profond, arrondi comme une vasque et creux à sa base d'une ouverture communiquant avec la mer ; pendant les tempêtes, les flots s'y précipitent et jaillissent à de grandes hauteurs. Avec la Grande-Côte, le paysage change et se fait plus âpre et plus dur. A perte de vue s'étendent des dunes dont les points culminants sont la Brisquette noire, la Brisquette blanche ou le pic du Volcan qui lance, en aveuglante fumée, les sables roulés à son faîte par les vents du large ; elles se creusent de gorges profondes, décorées de jaunes immortelles et se revêtent de la verte forêt de pins de Palmyre. Après la baie de Bonne-Anse, le phare de la Coubre croise ses feux avec ceux de Cordouan pour éclairer l'entrée de la Gironde. De la pointe de la Coubre

En pages suivantes :
La Seudre, avant de se jeter dans l'Océan, serpente à travers les marais devenus une importante zone ostréicole, comme ici à la Tremblade en face de Marennes.

à la pointe Espagnole, la Côte sauvage est bordée d'une immense forêt domaniale conduisant à Ronce-les-Bains.

Marennes occupe l'une des anciennes îles de l'archipel saintongeais, au centre d'un paysage plat, à peine plus haut que le niveau de la mer, quadrillé de marais salants. Désormais enclavée dans 2700 hectares d'anciens marais salants, Brouage doit son origine au baron Jacques de Pons qui, en 1555, décida de bâtir sur une levée de terre, une broue, une grande ferme qui devait faire office de bourse du sel. Richelieu voulut en faire la rivale de La Rochelle. Alors, « meilleur havre de France, de toute marée, à tout flot et tout temps », escale essentielle du commerce maritime international, Brouage offre aujourd'hui le spectacle de ses remparts ceints de toutes parts par la vase, sur lesquels planent encore les ombres mélancoliques de Marie Mancini et de Louis XIV, avec, comme l'écrivait Victor Hugo, en 1843, ses « maisons blanchies comme des sépulcres » et des « spectres qui grelottent devant les portes en plein midi ». Les monuments situés à l'intérieur de la ville témoignent, comme les fortifications en cours de restauration, du rôle défensif imparti à Brouage, second port militaire de la France dans la première moitié du XVIIe siècle : maison du gouverneur, casernes, magasin aux vivres avec ses deux nefs voûtées en plein cintre, hôpital, fontaine. Samuel Champlain y naquit, entre 1567 et 1570, avant de partir, en 1604, pour explorer la côte canadienne et y fonder Québec en 1608. La création de Rochefort, en 1666, donna le coup de grâce à Brouage.

A l'embouchure de la Charente, à hauteur de Port-des-Barques, l'île Madame reliée au continent, à marée basse, par la Passe-aux-Boeufs, conserve le souvenir, matérialisé par une croix de galets, des 254 prêtres victimes de la Terreur. Par la rive droite de la Charente, on gagne les plages de Fouras et de Chatelaillon, avant de parvenir à La Rochelle et à la baie de l'Aiguillon.

Les îles d'Aix, d'Oleron et de Ré constituèrent jusqu'à la fin du XIXe siècle la défense avancée du port militaire de Rochefort. D'immenses travaux furent réalisés pour repousser les attaques au XVIIe siècle et jusqu'au milieu du XVIIIe siècle et même poursuivis sous le Second Empire avec la construction du fort Boyard achevé, alors que les progrès de l'artillerie le rendaient déjà inutile. Devenu célèbre, au cours de ces dernières années, par des jeux télévisés, le fort Boyard, vaisseau ancré sur un éperon rocheux, à mi-chemin entre les îles d'Aix et d'Oleron, a surtout été utilisé comme prison. Henri Rochefort, le célèbre pamphlétaire, fondateur de *La Lanterne*, y fut interné avec d'autres membres de la Commune avant leur exil en Nouvelle-Calédonie. Un de ces prisonniers anonymes a gravé ces vers imités de Corneille :

Fort Boyard, où la nuit sert des tyrans heureux,
Fort Boyard, où la haine est le plaisir des dieux,
Fort Boyard, où la force enchaîne le génie,
Fort Boyard, où l'on meurt sans sortir de la vie...

Puissé-je de mes yeux y voir tomber la foudre,
Voir ses canons en cendre et ses cachots en poudre,
Son dernier directeur à son dernier soupir,
Moi seul en être cause, et mourir de plaisir !

Cette défense des pertuis est encore attestée par les fortifications du Château-d'Oleron, par le fort Louvois, au Chapus, par les remparts de l'île d'Aix, de Saint-Martin-de-Ré, de La Rochelle, mais aussi par les forts Liédot, Enet, de l'Aiguille, à la pointe de la Fumée, de l'île Madame.

Pendant l'été, les croisières inter-îles relient La Rochelle aux îles d'Aix, d'Oleron et de Ré. L'île d'Aix a la forme d'un croissant ou d'une mâchoire dont la concavité s'ouvre vers le sud-est. D'une superficie de 135 hectares, longue de quatre kilomètres sur 700 m., dans sa plus grande largeur, elle fut fortifiée par Vauban en 1687 et les Anglais y débarquèrent à plusieurs reprises. Pendant la guerre de Sept Ans, en 1757, une flotte anglaise de plus de cent voiles réussit à débarquer dans l'île, à la piller, puis à s'en retirer. Ce piteux échec s'acheva en chanson :

Pour l'île d'Aix
Fallait-il toute l'Angleterre ?
Pour l'île d'Aix
Pourquoi venir à si grands frais,
Voilà de ces foudres de guerre
Qui menacent toute la terre
Pour l'île d'Aix.

Au mois de juillet 1815, Napoléon 1er, après son abdication à Fontainebleau, y passa quelques jours dramatiques avant de se rendre à la flotte anglaise et de s'embarquer pour Sainte-Hélène. La Maison de l'Empereur achetée, en 1925, par le baron Gourgaud, conserve le souvenir de la dernière étape de Napoléon déchu sur la terre de France. L'île se visite à pied ou à bicyclette. A travers marais, vignes et prairies, on atteint, face au continent, une paisible baie au sable vaseux. Non loin, le fort Liédot se dissimule dans la forêt. En face de soi, le littoral se déroule de Fouras à La Rochelle, tandis que face à l'île d'Oleron, les rochers sont battus par la mer.

Reliée au continent par un viaduc de 3027 mètres inauguré le 21 juin 1966, l'île d'Oleron s'avance dans l'Océan Atlantique, entre le pertuis de Maumusson, au sud, et le pertuis d'Antioche, au nord, de la pointe sablonneuse de Gatseau aux falaises de Chassiron, avec ses 170 km. de côtes aux aspects variés. Dès le premier contact, l'île de Beauté s'offre au visiteur avec la luminosité de son ciel, ses maisons basses aux volets verts et aux murs blanchis à la chaux, les senteurs de sa flore et la diversité de ses paysages qui reproduisent, en partie, ceux du continent dont elle a été

Défense avancée du port militaire de Rochefort, l'île d'Aix fortifiée par Vauban, fut le dernier séjour de Napoléon Ier sur le sol français, au mois de juillet 1815.

Commencé par Napoléon Ier, pour protéger le port de Rochefort-sur-Mer, le fort Boyard achevé sous le Second Empire, alors que les progrès de l'artillerie le rendaient inutile, servit de prison avant d'être utilisé par le cinéma et la télévision.

détachée à l'époque préhistorique. Dans le sud, protégé par le continent et par la forêt qui s'étend de Saint-Trojan à Vert-Bois, les mimosas fleurissent dès le mois de février. A l'est, la côte plate bordée de marais salants fait pendant aux pays de Marennes et de la Seudre, tandis qu'au nord, l'île d'Oleron a perdu une large bande de terre sur son front occidental qui ne cesse d'être soumis à l'érosion, mais, le long de la côte est, la mer reconstruit lentement, comblant les petits golfes intérieurs encore visibles sur les cartes du XVIIe siècle. Le soleil y est souvent brûlant, desséchant, rarement torride ; la canicule s'agrémente toujours d'une brise marine qui tempère, favorisant une température régulière, même l'hiver.

Peuplée au commencement du quaternaire, comme en témoigne, en particulier, la station d'Ors, citée par Pline et Sidoine Apollinaire, Oleron à laquelle Aliénor d'Aquitaine accorda une commune en 1199, célèbre par les *Rôles d'Oleron*, rédigés d'après la jurisprudence maritime en usage à la fin du XIIe siècle, a connu jusqu'à la fin du XVIIe siècle, une histoire mouvementée et douloureuse marquée par les guerres franco-anglaises du Moyen Age au cours desquelles elle ne cessa de changer de maîtres, par la révolte de la gabelle en 1542, puis par les guerres de religion qui amenèrent la ruine de ses églises : dès 1546, la doctrine de Calvin fut introduite dans l'île, à Saint-Denis, et les luttes civiles qu'elle connut alors ne s'achevèrent qu'après la prise de La Rochelle par Richelieu en 1628.

Avec Ors et Saint-Trojan, Le Château qui tire son nom du château fort édifié au XIe siècle par les ducs d'Aquitaine, a l'ostréiculture pour principale activité. Ruiné pendant les guerres de religion, le village fut remplacé au XVIIe siècle par une ville nouvelle ceinturée de remparts et édifiée autour de la place centrale à laquelle aboutissent des rues se coupant à angle droit. Saint-Pierre situé au centre de la partie la plus large d'Oleron offre sa lanterne des morts, la Maison des aïeules où repose Pierre Loti, le musée Aliénor d'Aquitaine, le château de Bonnemie édifié en 1334 par les Le Berton, seigneurs du lieu, le clocher de son église en haut duquel on découvre toute l'île et le continent voisin.

D'autres localités retiennent le visiteur, Saint-Trojan-les-Bains, où les lauriers roses, les myrtes, les arbousiers, le palmier et les mimosas supportent les hivers tempérés. A Dolus, l'église Saint-André est décorée d'un beau retable en bois. Le port de la Cotinière, spécialisé dans la pêche des crevettes et des sardines, offre, sur la côte ouest, le spectacle de ses chalutiers et de la vente du poisson à l'encan. Le port de plaisance de Boyardville et celui du Douhet, sur la côte est, sont fréquentés par les amateurs de voile. L'église romane de Saint-Georges, la plus ancienne de l'île, fondée par l'abbaye de la Trinité de Vendôme, vient d'être remarquablement restaurée. Sa façade est composée d'un large portail à cintre légèrement brisé ; à l'intérieur, on remarque une statue de la Vierge connue sous le nom de Notre-Dame-en-l'île. A Saint-Denis, on remarque, la maison Guillotin, à l'entrée de la localité, l'église avec l'appareil en zigzag de sa façade, le port de plaisance ouvert en 1989, les plages de Soubrejon, de la Boirie et des Huttes.

Mais il convient aussi de s'attarder dans les villages dont la campagne oleronaise est parsemée, avec leurs « cantons » composés de vieilles bâtisses d'un étage desservi par un escalier extérieur, aux marches de pierre disjointes, évoquant les antiques villas romaines. Jean Courbeyre évoque avec poésie le charme d'un de ces anciens villages, Domino :

« Le village posait ses murs blancs dans la verdure des pins, des figuiers et des acacias, sous l'éclatant soleil ou la froide pleine lune. Les géraniums rouges crêtaient les clôtures-banquettes au pied desquelles se pressaient des buissons de belles-de-nuit en mal du soir. Trois cents feux environ rougeoyaient dans les âtres noircis des maisons basses et chaulées au fond des cours, sous la visière frémissante des treilles à muscat ».

Entre le pertuis d'Antioche et le pertuis breton, l'île de Ré, « peu de terre et beaucoup de ciel et partout cette humide lumière blanche qui met des ombres si légères, vertes et bleues, sur les murailles rosées » (Denis de Rougemont), est désormais reliée à La Rochelle par un élégant viaduc. Jusqu'au milieu du XIXe siècle l'histoire de l'île « aux maisons blanches » a été intimement liée à celle de La Rochelle dont elle constituait un des éléments avancés de la défense à l'époque des invasions anglaises du Moyen Age et surtout pendant le siège de la ville par Richelieu, lorsque les Anglais débarquèrent à Saint-Martin pour soutenir la cité protestante. Afin d'éviter de nouvelles invasions, Louis XIV, entre 1673 et 1674, fit édifier les forts de Sablonceaux et du Martrou, la ronde des Portes ; de 1681 à 1684, Vauban reconstruisit Saint-Martin, ceignit la ville de remparts, transformant l'île en une citadelle qui se voulait imprenable et mettait La Rochelle à l'abri des coups de main venus de l'Océan.

A la différence d'Oleron, la mer est toujours et partout présente dans l'île de Ré battue par les flots qui, au moment des tempêtes d'équinoxe, menacent de la couper en deux, dans l'étranglement du Martroy, tant est étroite la mince bande de terre reliant le sud et le nord de l'île. La défense contre les vents et la mer a exigé, de tout temps, des efforts considérables. En 1537, le village de La Couarde, à plus d'un kilomètre à l'intérieur des terres, a été complètement submergé ; il a failli subir le même sort en 1882. Du milieu du XVIe siècle à la fin du XIXe, vingt-huit raz de marée, la plupart accompagnés de mouvements sismiques, ont soulevé la mer au-dessus des côtes.

« Le soir, note Eugène Fromentin, prend l'île à revers et dessine encore plus vigoureusement la ferme silhouette d'une côte basse où l'on distingue des arbres, une indication de village et la flèche aiguë d'une église. Il y a quelques jours dans l'année, vers l'équinoxe, où cette fine aiguille, qui se trouve marquer par hasard une des stations périodiques du soleil, est posée précisément sur son disque écarlate et le partage en deux parties égales, exactement comme un cadran de feu ».

La lumière à la fois vive et subtile de Ré constitue un des charmes les plus appréciés de l'île, celui auquel les peintres sont particulièrement sensibles, tel Louis Suire écrivant :

« Par beau temps, l'été, la lumière chante comme une symphonie avec ses cuivres et ses violons dans un ton majeur [...] Lorsque le temps est gris elle chante en mineur avec ses flûtes et ses haut-

Edifié en 1334 par les Le Berton, seigneurs du lieu, le château de Bonnemie à Saint-Pierre-d'Oleron, conserve tout son charme avec ses trois tours d'angle et son donjon au dôme galbé.

La lanterne des morts de Saint-Pierre d'Oleron, magnifique colonne octogonale, était autrefois placée au centre de l'ancien cimetière.

bois. Le paysage, même sans soleil, est toujours à un ton au-dessus des autres pays. C'est un andante de Mozart [...], avec tous ses élans de tendresse et ses subtilités. Parfois, par certains soirs de septembre, au moment des grandes marées, cela devient du Wagner ou du Berlioz. Le ciel compte énormément ici, comme dans tous les pays de plaine, et les nuages qui viennent du large, poussés par le vent en se reflétant dans l'eau des marais font penser aux tableaux des peintres hollandais Ruysdaël ou Van Goyen. Mais c'est un pays qui n'a pas qu'un visage de joie ; il est parfois austère et tragique, quand la tempête se déchaîne. Il y a ici des gris très fins, les gris perle qu'affectionnait Corot et qu'il dit n'avoir vu qu'à La Rochelle et sur nos côtes ; gris colorés où les blancs sont parfois plus nuancés que sous le soleil. Lumière qui donne à toutes les formes leur vrai contour, lumière avec laquelle on ne peut tricher et qui surprend ceux qui viennent ici pour la première fois ».

Avant Louis Suire, le peintre Chapelain Midy avait, lui aussi, ressenti le charme et la délicatesse de cette luminosité aux aspects multiples et changeants. Selon lui, l'île de Ré « possède une lumière unique, la plus belle que je connaisse en Europe et qui réalise ce paradoxe d'être à la fois éclatante et subtile, italienne et bretonne tout ensemble, une espèce de petit miracle que Dieu a créé pour les peintres qui ont le goût de l'espace et l'amour du vide ».

Plate et rase, l'île est émaillée de bourgs et de villages aux maisons à la blancheur éblouissante. De Sablonceaux où aboutit le pont, à Sainte-Marie, c'est déjà la côte sauvage. Comme dans l'île d'Oleron, on a construit sur le littoral de Ré, à Sainte-Marie, aux Baleines et aux Portes, des écluses à poissons, enclos faits de petits murs de pierre en forme de fer à cheval pour offrir moins de prise à la lame. En se retirant, le flot y laisse des poissons, anguilles, congres, loubines (bars), etc. Une campagne récente vise à restaurer quelques-unes de ces écluses encore existantes ; mais, la plupart, mal entretenues, en butte aux dégradations de la mer et des hommes, ont disparu.

Près du fort de La Prée élevé par Vauban à la pointe des Barres, l'abbaye de Saint-Laurent ou des Châteliers édifiée au XIIe siècle, pillée et brûlée par les protestants en 1623, a été détruite en 1793 ; seul subsiste en entier le mur de la façade. Du port de la Flotte, les bateaux partent pêcher dans les pertuis voisins et dans le golfe de Gascogne. Chef-d'œuvre d'architecture militaire, la ville de Saint-Martin est ceinturée de remparts gardés par deux énormes portes. Plusieurs édifices témoignent de l'importance historique de la cité : l'Arsenal installé au XVIIe siècle dans l'ancienne maison de Clergeotte ; l'hôtel des cadets de la marine abrite le musée Ernest-Cognacq qui conserve des faïences de Delft ; l'hospice Saint-Honoré possède une apothicairerie du XVIIIe siècle et une collection de pots de pharmacie en faïence de Rouen. De l'ancienne église, il ne subsiste qu'une tour à créneaux surmontée, aux angles, de clochetons, deux portes et des chapelles aux voûtes à pendentifs.

Le Fier d'Ars, d'une superficie de 600 hectares, communique avec la mer par une passe de 750 mètres de large ; il est relié aux marais salants par des chenaux. Tapi au fond du Fier, le village d'Ars-en-Ré possède un des plus anciens édifices de l'île. Construite du XIIe au XIVe siècle, l'église, avec son clocher haut de 40 mètres, peint en blanc et noir pour servir d'amer aux bateaux, présente de curieuses sculptures : oiseaux, poissons, araignées de mer.

Au nord de Ré, en face de l'île d'Oleron et du pertuis d'Antioche, la côte sauvage est formée de galets, de roches et de dunes parsemées de pins. La côte est, du bois de Trousse-Chemise, en passant par la forêt de Lizay, jusqu'à la pointe des Baleines, offre une agréable promenade agrémentée par les pittoresques villages de La Rivière et des Portes et par la superbe conche des Baleines dominée par le phare éclairant les pertuis, en liaison avec le phare des Baleineaux ou du Haut-Banc du nord, situé en mer.

Désormais ancrées au continent, les îles d'Oleron et de Ré subissent depuis quelques années, une affluence de touristes dont témoignent ces chiffres : en 1993, à Oleron, la population passe de 18000 à 170000 habitants, avec plus de deux millions de passages sur le pont : à Ré, de 14500 habitants, la population dépasse 130000 personnes en été, tandis que le pont enregistre plus d'un million et demi de passages. Ce raz de marée touristique, réparti sur quelques semaines de l'été, submerge les deux îles : les infrastructures routières ne sont pas adaptées à une telle circulation ; les résidences secondaires et l'hôtellerie ne représentent que 7% de l'hébergement contre 50 % au camping, auquel s'ajoute un camping sauvage sur des parcelles privées de sanitaires. Cet afflux, mal contrôlé et mal maîtrisé, pose aux responsables des problèmes difficiles à résoudre pour conserver à ces îles leur charme, tout en permettant l'accès aux touristes.

Sur la façade atlantique, la mer constitue donc un des facteurs essentiels de l'attraction exercée par la Charente-Maritime et contribue au développement de son économie. Les villes et les campagnes de l'Aunis et de la Saintonge apportent, elles aussi, des éléments complémentaires qui, peu à peu, ont forgé l'unité de ce département, où caractères marins et terriens se mêlent harmonieusement.

Des villes : La Rochelle, Saintes et Rochefort.

La Rochelle, ancienne capitale de l'Aunis, et Saintes, ancienne capitale de la Saintonge, symbolisent l'histoire de ces deux provinces de l'ancienne France. Saintes et La Rochelle se sont disputées le chef-lieu du département : Saintes l'a emporté en 1790 ; mais, en 1810, Napoléon lui a préféré La Rochelle, malgré sa situation excentrée au nord du département orienté vers Poitiers, tandis que la partie méridionale entretient des relations plus étroites avec Bordeaux.

L'histoire de Saintes remonte à la plus haute antiquité, tandis que le nom de La Rochelle n'apparaît qu'à la fin du XIe siècle. Saintes, l'antique *Mediolanum Santonum*, peut, à juste titre, s'enorgueillir de conserver des monuments prestigieux de son passé : ville romaine avec son arc de Germanicus, ses arènes et ses thermes, mais aussi ville romane avec ses églises de l'Abbaye-aux-

Les ruines de l'abbaye des Châteliers, fondée par les Cisterciens au milieu du XIIe siècle, incendiée pendant les guerres de Religion en 1574 et en 1623.

La citadelle de Saint-Martin-de-Ré témoigne de l'histoire mouvementée de la ville, place avancée de La Rochelle.

Dames et de Saint-Eutrope, Saintes offre également ses vieux quartiers et leurs hôtels édifiés avant la Révolution, la cathédrale Saint-Pierre, monuments qui attestent son rôle de capitale de la Saintonge.

Englobée dans la nouvelle Aquitaine constituée par Auguste en l'an 25 de notre ère, *Mediolanum*, la ville située au milieu de la plaine, s'étendait librement sous le Haut-Empire ; devenue un des centres de romanisation de la Gaule, cité commerçante reliée par de nombreuses voies aux *civitates* voisines, elle s'orna d'un forum, de basiliques, de temples et d'aqueducs. Évangélisée, à la fin du IIIe siècle, elle eut saint Eutrope pour premier évêque. Pour résister aux invasions des Barbares, la ville, vers la fin du IIIe siècle, s'entoura d'une enceinte délimitant une superficie de dix-huit hectares. En dehors des murailles, restaient les quartiers où s'élèveront, plusieurs siècles après, les faubourgs de Saint-Vivien, de Saint-Eutrope et de Saint-Palais. Le quartier Saint-Pierre demeura le centre de la cité. Geoffroy Martel et sa femme, Agnès de Bourgogne, fondèrent, en 1047, sur la rive droite de la Charente, l'abbaye de Sainte-Marie-des-Dames, lieu de passage des pèlerins empruntant une des routes conduisant à Saint-Jacques-de-Compostelle.

Le site de La Rochelle et les environs de la ville ont été habités dès l'époque préhistorique et pendant la période gallo-romaine, comme l'attestent les fouilles des Minimes et d'autres sites, montrant que ces lieux étaient déjà des centres agricoles. Cependant, au cours de l'antiquité gallo-romaine et du haut Moyen Age, La Rochelle n'est encore qu'un point sur la carte, sur cette *angulum maris*, protégé par les îles de Ré et d'Oleron. En tant que cité, La Rochelle n'a pas d'existence propre, ne joue aucun rôle sur le vaste échiquier si mouvant de l'époque féodale. La seigneurie importante de l'Aunis est alors Chatelaillon. Les mentions les plus anciennes de La Rochelle, lieu de marais salants et de pêche, remontent seulement à la fin du XIe siècle. Le nom même de La Rochelle apparaît, pour la première fois, à la fin du Xe siècle, dans le cartulaire de Saint-Cyprien de Poitiers : il mentionne une donation de marais à Rochelle, de salines et de trois filets de pêche à Sub roca. Il faut ensuite attendre le début du XIIe siècle pour trouver d'autres informations sur la cité naissante. Elle n'était, à la fin du XIe siècle, qu'une modeste bourgade relevant de Chatelaillon, forteresse importante et ville pourvue d'un bon port, centre du commerce maritime de la contrée. La Rochelle ne possédait pas de port ; ses habitants vivaient groupés assez loin de la mer, autour de l'église qui a conservé le nom de Notre-Dame de Cognes.

Inquiet des ambitions et des prétentions des seigneurs de Chatelaillon, le duc d'Aquitaine, Guillaume X, en 1132, déposséda Isambert de son fief et conçut de développer La Rochelle au détriment de la ville qu'il venait de conquérir. Au milieu des luttes féodales, La Rochelle se substitue à Chatelaillon comme centre attractif de peuplement et nœud commercial. Entre 1132 et 1137, Guillaume X d'Aquitaine, pour peupler le territoire compris entre la mer et l'antique village accorde aux Rochelais des « libertés et libres coutumes », en fait un lieu d'asile où afflue de la France et même de l'étranger une population nombreuse. Un siècle plus tard, cette population n'avait pas encore perdu le souvenir de sa diversité d'origine, comme en témoignent les noms des mille sept cent quarante-neuf habitants de La Rochelle qui, le 12 août 1224, prêtèrent serment au roi de France Louis VIII.

Entre-temps s'était produit un événement dont les conséquences n'ont cessé de dominer l'histoire de l'Aunis et de la Saintonge jusqu'à l'aube des temps modernes. La rupture du mariage d'Aliénor d'Aquitaine avec le roi de France Louis VII, son remariage, en 1152, avec Henri Plantagenet, qui, deux ans plus tard, devient roi d'Angleterre sous le nom d'Henri II, unirent l'Aunis et la Saintonge à la couronne d'Angleterre par un lien personnel. Au cours des trois siècles suivants se posa le problème de savoir si un seul prince n'allait pas rassembler sous un seul sceptre les pays constituant les royaumes de France et d'Angleterre.

Les luttes franco-anglaises, pendant plusieurs siècles, épargnent d'autant moins Saintes qu'elle est une ville frontière. Les rois ennemis ne cessent de se livrer à une constante lutte d'influence qui ne s'acheva que par la victoire du roi de France après la bataille de Castillon en 1453. On ne saurait ici relater les épisodes multiples de ces luttes sanglantes sans cesse renouvelées et jamais terminées, au cours desquelles l'Aunis et la Saintonge, changeant sans cesse de camp, parfois unies, mais le plus souvent séparées ou même opposées, au grès des vicissitudes des alliances mouvantes, connaissent toutes deux les malheurs de la guerre, n'épargnant ni les hommes ni les biens, ni les villes ni les campagnes. A ces désastres, s'ajoutent les redoutables épidémies de peste noire qui déciment les hommes, si bien qu'en 1460, un saintongeais constate : « On peut veoir que deçà la rivière de Charente, tous les nobles lieux et gros villages ont esté et sont déserts, en friche et en ruyne, et là où souloient estre les beaulx manoirs, domaines et héritages sont les grans buissons et aultres désers ».

Malgré ces luttes interminables entrecoupées de trêves toujours rompues, le commerce maritime de La Rochelle connaît un essor remarquable. Au fond d'une baie abritée, en façade de pays producteurs de vin et de sel, le port est, à la fin du XIe siècle, un pôle d'attraction pour les navires venus du nord et du Midi. Attirés par les profits que procure le commerce du nord de l'Europe, les marins de La Rochelle entreprennent le périlleux périple de la Bretagne pour gagner les ports de l'Angleterre, de la Flandre et de la Hollande.

Pendant près d'un siècle, de la bataille de Castillon en 1453, aux débuts de la Réforme protestante et des guerres civiles, au milieu du XVIe siècle, la vie renaît avec une vigueur surprenante en

En pages suivantes :
La tour Saint-Nicolas, sur la rive sud du port, et la tour de la Chaîne, sur l'autre rive, marquent, depuis le Moyen Age, l'entrée du vieux port et faisaient partie des fortifications qui ont résisté à Richelieu, pendant le siège de 1628.

OLERON
L'ILIENNE

Aunis et en Saintonge : les terres ruinées sont remises en culture, des manoirs s'édifient, tandis que le grand commerce maritime reprend et s'intensifie à La Rochelle. La Renaissance des arts et des lettres s'épanouit sous l'influence de l'humanisme venu d'Italie, favorisé par la découverte de l'imprimerie et la propagation du livre.

Mais dès la fin du règne de François Ier (1549), l'Aunis et la Saintonge sont à nouveau soumises à de graves troubles, révolte de la gabelle, entre 1542 et 1549, début, en 1562, des guerres de religion, dont l'édit de Nantes (1598) ne marque qu'une courte trêve, car elles ne se terminent réellement qu'avec la capitulation de La Rochelle assiégée par Richelieu en 1628. Au cours de cette période, La Rochelle et l'Aunis, Saintes et la Saintonge se rangent dans deux camps opposés. Tandis que Saintes demeure fidèle à la religion catholique, La Rochelle, acquise à la Réforme, dès 1556-1558, avant de devenir officiellement une place de sûreté des protestants, assume très rapidement le rôle de capitale des huguenots de la France de l'ouest. A partir de 1570, le protestantisme s'y établit solidement ; Jeanne d'Albret fait de la capitale de l'Aunis le centre de ses activités politiques. La ville désormais en révolte contre le pouvoir central, assiégée en 1572-1573, devient le « boulevard du Calvinisme », défiant le pouvoir central qui l'accuse de vouloir former un État dans l'État.

Accueilli avec réticence par les Rochelais, à cause du rétablissement du culte catholique dans la ville, l'édit de Nantes ne constitue qu'une trêve provisoire dans un pays dévasté. L'assassinat d'Henri IV, en 1610, réveille des passions mal éteintes, les vieux antagonismes resurgissent, la lutte est inévitable entre le pouvoir royal soucieux d'asseoir définitivement son autorité et la capitale huguenote jalouse de ses libertés. Le grand siège de 1627-1628 marqué, entre autres péripéties, par l'échec de la flotte et des troupes anglaises commandées par Georges Villiers, duc de Buckhingam, dans l'île de Ré (juillet-septembre 1627), par l'ardente défense du maire de la ville, Jean Guiton, s'achève par la capitulation de La Rochelle, le 26 octobre 1628, mettant un terme définitif aux espoirs rochelais.

Jusqu'à la révocation de l'édit de Nantes (1685) et même au-delà, Saintes et La Rochelle prennent une part active à la Réforme catholique dont un des faits les plus significatifs fut le transfert à La Rochelle, en 1648, du siège épiscopal de Maillezais, amputant le diocèse de Saintes de quatre-vingt-seize paroisses situées en Aunis et dans l'île de Ré. De plus en plus, le pouvoir économique réside à La Rochelle et à Rochefort, la ville nouvelle fondée par Colbert, tandis que Saintes, selon la relation de voyage de Louis Chancel de Lagrange, ancien officier de marine, est encore, en 1739, une « ville petite, les rues estroites, sales et mal pavées, les maisons assez mal édifiées ; ses murs et ses ponts à l'antique avec des tours rondes et quasi ruinées ». A la veille de la Révolution, cependant, la ville se modernise grâce à l'action de l'intendant Guéau de Reverseaux.

Venant de doter la France d'une puissante marine de guerre, Colbert comprit la nécessité d'établir un port militaire dans le golfe de Gascogne en choisissant un abri sûr où les navires pourraient s'équiper et s'approvisionner sans craindre les incursions d'une flotte ennemie. Son cousin, Colbert du Terron, qui avait été intendant de Mazarin dans le gouvernement de Brouage, connaissait les ressources de la côte charentaise. Brouage s'envasant de plus en plus, La Rochelle écartée en raison de ses rébellions passées, le choix de Colbert du Terron se fixa, en 1665, sur le site de Rochefort. En quelques années, sous son impulsion, l'ingénieur Blondel et le chevalier de Clerville, gouverneur de l'île d'Oleron, construisent le port de guerre avec ses annexes, arsenal, magasins des vivres, corderie, fonderie et édifient sur un terrain marécageux reposant sur un effleurement rocheux, une ville nouvelle, longue de 2400 mètres et large de 890 mètres, ceinte de remparts, aux rues droites pavées de pierres taillées, rayonnant autour d'une place centrale, l'actuelle place Colbert.

Du XVIe au XVIIIe siècle, une intense vie économique anime La Rochelle, le littoral atlantique et leur arrière-pays. A côté des trafics traditionnels reposant sur l'exportation du sel, du vin et, à un moindre degré du blé, apparaissent de nouveaux courants commerciaux en direction de l'Amérique. L'envoi de bateaux à Terre-Neuve, dès le début du XVIe siècle, renforce le rôle de La Rochelle comme place de financement, d'avitaillement et d'armement. La naissance du grand trafic colonial au XVIIe siècle, son épanouissement au siècle suivant caractérisé par le commerce du sucre et des épices avec les « isles » de l'Amérique, la traite des noirs, le commerce avec les Indes orientales constituent les sources de l'essor commercial de la ville, en partie ruinée par la Révolution qui la coupa de ses débouchés traditionnels.

Désormais, La Rochelle et Saintes connaissent une histoire parallèle, mais originale, marquée par l'occupation en 1939-1945 et, depuis la fin de la guerre, par un développement urbain intensif freiné par les crises économiques.

Le charme de La Rochelle, ville océane, réside essentiellement, comme le souligne Louis Suire, dans « le mariage des pierres et des eaux [...], dans les rues à arcades pleines de mystère, ou sur les côtes aux immenses horizons marins ». Qui n'est, en effet, séduit par ce décor urbain célébré par les gravures anciennes et les peintres modernes ? : le port, porte étroite ouverte vers l'Océan avec ses deux tours qui en flanquent l'entrée, la tour Saint-Nicolas, isolée sur la rive sud, et la tour de la Chaîne, sur l'autre rive, derniers vestiges de l'enceinte médiévale détruite après le siège de 1628 ; la tour de la Lanterne ou des Quatre-Sergents qui, depuis le XVIe siècle, servit de prison et dont les murs sont constellés de graffiti tracés par les détenus ; la Grosse-Horloge, profondément remaniée aux XVIIe et XVIIIe siècles, marquant l'entrée de la ville qui conserve son plan en damier, avec ses rues aux noms évocateurs, rues Chaudrier, du Palais, du Minage, Gargoulleau, Saint-Yon, des Merciers, du Temple, etc. ; ses porches et ses centaines de maisons anciennes ; l'Hôtel de Ville, témoin de la vigueur de la commune rochelaise et de ses libertés municipales ; la maison de Diane de Poitiers, rue des Augustins ; la Bourse construite en 1760 par la Chambre de commerce ; les hôtels édifiés, rue de Réaumur, autant de témoins d'une histoire millénaire. Les

Un des nombreux hôtels édifiés au XVIIIe siècle par les armateurs rochelais, l'hôtel Garesché, 18, rue Réaumur.

Les trois tours. Au premier plan, la base polygonale de la tour Saint-Nicolas ; au second plan, la tour de la Chaîne, et, en arrière-plan, la tour de la Lanterne appelée aussi tour des Quatre-Sergents, haut fût cylindrique surmonté d'une flèche pyramidale à huit pans de style gothique flamboyant.

guerres de Religion ont détruit les églises médiévales : l'église Notre-Dame, le premier sanctuaire rochelais édifié par les moines clunisiens, vers 1077, a été reconstruite entre 1653 et 1655 ; de l'église Saint-Barthélemy remontant au XIIe siècle, ne subsiste que la tour de style gothique flamboyant qui se dresse auprès de l'hôpital Aufrédy ; sur le port, l'église Saint-Sauveur, reconstruite, en 1705, après plusieurs destructions, est la paroisse des marins avec ses maquettes de navires servant d'ex-voto ; la cathédrale Saint-Louis a été construite, sur l'actuelle place de Verdun, entre 1742 et 1784.

Aussi prestigieux qu'ils soient, ces monuments ne sauraient faire oublier que La Rochelle est une ville moderne, ouverte sur la mer et son arrière-pays, fréquentée par les touristes : le port de plaisance des Minimes, le plus vaste du littoral atlantique permet aux amateurs de voile de se livrer à leur sport favori dans la vaste baie délimitée par les îles de Ré et d'Oleron ; le nouveau port de pêche installé à La Pallice, l'Université naissante ouvrent des perspectives prometteuses à cette ville qui veut et sait allier passé, présent et avenir en une harmonieuse réussite.

Eugène Fromentin, dans *Dominique*, évoque le charme mystérieux des environs de La Rochelle :

« Le soir venait. Le soleil n'avait plus que quelques minutes de trajet pour atteindre le bord tranchant de l'horizon. Il éclairait longuement, en traçant des rayons d'ombre et de lumière, un grand pays plat, tristement coupé de vignobles, de guérets et de marécages, nullement boisé, à peine onduleux, et s'ouvrant de distance en distance, par une lointaine échappée de vue, sur la mer. Un ou deux villages blanchâtres, avec leurs églises à plates-formes et leurs clochers saxons, étaient posés sur un des renflements de la plaine, et quelques fermes, petites, isolées, accompagnées de maigres bouquets d'arbres et d'énormes meules de fourrage, animaient seules ce monotone et vaste paysage, dont l'indigence pittoresque eût paru complète sans la beauté singulière qui lui venait du climat, de l'heure et de la saison ».

Édifié sur les deux rives de la Charente, Saintes offre au visiteur les souvenirs prestigieux de sa longue histoire. Le Musée archéologique présente un ensemble remarquable d'inscriptions, de bas-reliefs, de stèles funéraires, de chapiteaux, de morceaux d'architecture provenant de l'enceinte gallo-romaine et de fouilles réalisées sur le territoire de la ville et de ses alentours. Un des ensembles les plus célèbres est le groupe du dieu accroupi et de la déesse mère ; selon J.-J. Hatt, « la figure de la déesse est très grosse, ses traits sont massifs, ses yeux absolument figés en un masque immobile et inexpressif. Nous retrouvons là l'aspect traditionnel de ces idoles gauloises, figées, hiératiques, au regard fascinant ». A l'époque gallo-romaine remonte l'arc de Germanicus édifié en l'an 20 de notre ère à l'entrée du pont sur la Charente et transporté, en 1844, sur l'intervention de Prosper Mérimée, à son emplacement actuel. L'amphithéâtre, dit « arènes », a été édifié dans la première moitié du Ier siècle, en dehors de la ville, dans un vallon du coteau de Saint-Eutrope. Avec les 1126 mètres de son grand axe extérieur et les 120 mètres de son petit axe, la *cavea* rappelle celle de Lutèce, mais est plus petite que celles de Bordeaux et de Poitiers. A la suite de Jules Michelet, « avant d'aller plus loin, asseyons-nous un moment aux Arènes de Saintes, dans ce petit vallon, frais, reposé, gracieusement circonscrit que je vois encore ; une jolie source coule au fond à petit bruit. La ville qui peu à peu s'est échelonnée sur le penchant de la montagne, de ce point nous domine et la belle tour de Saint-Eutrope que fit élever Louis XI, Saintes fait songer à Pise. Le voyageur qui passe et la voit assoupie dans la pâlissante lumière du soir s'y attarderait volontiers ». Les ruines des thermes, dits de Saint-Saloine, au nord de la ville, étaient alimentés en eau par un aqueduc long de 17 kilomètres s'étendant sur les communes d'Ecoyeux, où se trouve la source principale, de Vénérant, de Fontcouverte et de Saintes.

Saintes a été un des hauts lieux de l'art roman. Édifiée, au VIe siècle, sur le tombeau de l'apôtre de la Saintonge, l'église Saint-Eutrope reconstruite entre le XIe et le XVe siècle, mais dont la nef a été démolie en 1803, retient l'attention par son église inférieure récemment restaurée, aux chapiteaux ornés de palmettes aux plis multiples, de feuilles plates bien étalées, d'entrelacs, de feuillages, de lianes. Dans l'église haute, le style des chapiteaux du carré du transept représente ce que la sculpture saintongeaise a produit de plus luxuriant. Selon R. Crozet, « le motif oriental des oiseaux perchés sur des lions se prête à diverses combinaisons dans lesquelles interviennent aussi des personnages agenouillés ; ils portent sur les épaules une rangée de fauves becquetés par des oiseaux. A ce groupe appartiennent aussi des chapiteaux historiés, sur lesquels on reconnaît Daniel entre les lions et le Pèsement des âmes ; à l'entrée du collatéral sud du chœur, un chapiteau représente certainement saint Thomas touchant la plaie du Christ ; ce dernier, assis dans l'axe de la corbeille, lève son bras droit et guide, de sa main gauche, la main de l'apôtre incrédule vers la blessure faite par le coup de lance ; d'autres apôtres manifestent leur étonnement par de grands gestes ».

Sur la rive droite de la Charente, se situent les bâtiments de l'ancienne Abbaye-aux-Dames, restaurés et devenus un centre musical. L'église de l'Abbaye-aux-Dames, rendue au culte à la veille de la guerre de 1939, après avoir été longtemps occupée par l'armée, présente une des plus belles réussites de l'art roman en Saintonge. Le portail central de la façade achevé avant 1150 offre quatre voussures en plein cintre, amplement décorées de sculptures représentant la Flagellation, l'Agneau nimbé entouré des quatre évangélistes, le massacre des Innocents et les Vieillards de l'Apocalypse. Sur le rouleau d'une arcature aveugle de droite, on reconnaît la scène de l'institution de l'Eucharistie : le Christ nimbé, assis au milieu des douze apôtres, tient un poisson de la main gauche et en offre un morceau à Judas de la main droite ; un apôtre porte une coupe, d'autres tiennent un pain ; Adam et Eve et des démons complètent la décoration. Le clocher édifié au XIIe siècle supporte une flèche conique recouverte d'écailles retournées, en « pomme de pin ».

Au centre de la cité, la cathédrale Saint-Pierre occupe l'emplacement de plusieurs édifices ; la cathédrale actuelle remonte à la seconde moitié du XVe siècle. Imposant exemple d'architecture de

style gothique flamboyant, l'iconographie du grand portail est particulièrement intéressante. La voussure interne fournit un répertoire d'instruments de musique tenus par huit anges. La seconde fait intervenir, à côté des quatre docteurs de l'Eglise, des saints régionaux et locaux, Yrieix, Palais, Trojan, Léon, auxquels est joint saint Louis, roi de France, vainqueur des Anglais à Taillebourg, le 21 juillet 1242 ; une autre série de saints, Laurent, Maurice, Georges, Christophe, et, sans doute, sainte Eustelle, disciple de saint Eutrope, occupe la troisième voussure. Quatorze prophètes ornent la quatrième voussure. Avec les statues d'apôtres des niches latérales, le portail de Saint-Pierre offre une somme iconographique réunissant l'Ancien et le Nouveau Testament, la hiérarchie céleste, l'Eglise militante.

De son passé récent, Rochefort-sur-Mer conserve des monuments à la sobre architecture classique. La grande Corderie royale, longue de 373 mètres, édifiée en 1666, incendiée en 1944, vient d'être restaurée et constitue une des attractions de la ville. L'hôpital maritime construit par l'ingénieur Toufaire, entre 1783 et 1788, constitue un bel ensemble architectural, avec d'autres hôtels des XVIIe et XVIIIe siècles : l'hôtel d'Aublémont, l'hôtel Hibre où est installé le Musée, l'hôtel de la Touche Tréville, rue de la République, l'hôtel de Cheusses devenu Musée de la Marine, etc.

Né en 1850 à Rochefort, Pierre Loti a accumulé les objets d'art ramenés de ses croisières. Avec ses salons turcs, arabes, sa salle à manger Renaissance, sa maison devenue un musée témoigne de la séduction et de la nostalgie que l'Orient ne cessa d'exercer sur l'officier de marine Julien Viaud devenu le romancier Pierre Loti, avec son « cœur plus changeant qu'un ciel d'équinoxe ». François Mauriac a admirablement saisi l'âme profonde de Pierre Loti : « Toute son œuvre n'est qu'une plainte monotone, déchirante. Écoutez cet enfant des ténèbres : vous ne le rassurerez pas, il ne comprend pas vos raisons. Il ramasse, il couve désespérément les vestiges de ses amours ; il souffle sur des cendres froides, encombre sa mémoire et sa maison de reliques, se raccroche à toutes les branches des rives qui le fuient et ne se sépare plus des feuilles mortes qui lui restent aux doigts ».

Pierre Loti a aussi beaucoup aimé sa ville natale et ses environs, en particulier La Limoise, appartenant à une famille amie de la sienne :

« Pauvres campagnes de mon pays, écrit-il dans *Prime jeunesse*, monotones mais que j'aime quand même, monotones, unies pareilles, prairies de foin et de marguerites, où, en ce temps-là, je disparaissais enfoui sous les tiges vertes ; champs de blé, avec des sentiers bordés d'aubépines [...] Du côté de l'ouest, au bout des lointains, je cherchais des yeux la mer qui, parfois, quand on avait

Edifié à l'entrée du pont sur la Charente, l'arc romain dédié à Tibère, à Germanicus et à Drusus, en l'an 20, a été transféré sur son emplacement actuel en 1844.

Longue de 373 mètres, la Corderie royale a, pendant deux siècles, fabriqué tous les cordages de la Marine royale. Incendiée en 1944, elle est restaurée à partir de 1974 et abrite désormais le Conservatoire du littoral, le Centre international de la mer et la bibliothèque municipale.

La mosquée, reconstituée par Pierre Loti dans sa maison de Rochefort, atteste sa nostagie de l'Orient, et le mélancolique souvenir de son amour pour Aziyadé.

été très loin, montrait au-dessus de ces lignes déjà si plates, une petit raie bleuâtre, puis complètement droite et attirante à la longue comme un grand aimant patient, sûr de sa puissance et pouvant attendre ».

Aux côtés de La Rochelle, de Saintes et de Rochefort, bien d'autres villes et bourgades méritent une visite. A Saint-Jean-d'Angély, l'abbaye bénédictine fondée par Pépin d'Aquitaine, au commencement du IXe siècle, pour conserver le chef de saint Jean-Baptiste rapporté d'Orient, a été incendiée, en 1568, par les Calvinistes ; les ruines en furent relevées aux XVIIe et XVIIIe siècles, mais la reconstruction n'a pas été achevée. Berceau d'une châtellenie alliée aux plus nobles familles, Pons fut au Moyen Age, avec ses enceintes, ses édifices religieux, un des lieux les mieux fortifiés de la Saintonge. Du château subsiste le donjon rectangulaire construit entre 1179 et 1186 ; la chapelle Saint-Gilles, celle de l'ancien hospice de Saint-Jacques, l'église Saint-Vivien étaient des sanctuaires où faisaient halte les pèlerins de Saint-Jacques-de-Compostelle.

Ancienne station militaire sur la route de Blaye, Jonzac, station thermale sur les bords de la Seugne, conserve son château reconstruit au début du XIVe siècle et enrichi d'une façade Renaissance. Sur une des hauteurs de la « Petite Suisse » saintongeaise, Montendre est dominée par les ruines de son château dont l'importance stratégique tenait à sa situation aux confins des marches de la Saintonge et du Bordelais.

Si la mer occupe, le long du littoral atlantique, une place prédominante, l'agriculture, avec les céréales, l'élevage et surtout la vigne tient encore, malgré la regrettable désertification des campagnes, une place essentielle dans l'économie du département, grâce, en particulier, au cognac et au pineau.

Cognac et pineau, les richesses de la vignes.

Dès la période gallo-romaine, la vigne était cultivée en Aunis et en Saintonge, et, pendant le Moyen Age, elle a constitué avec le sel une des productions exportées par les ports de La Rochelle et des îles de Ré et d'Oleron. Au commencement du XVIe siècle, les viticulteurs entreprirent de distiller les vins qui, acides et d'un degré alcoolique faible, souffraient de leur transport en mer vers l'Angleterre, les Flandres et les Pays-Bas. Le chevalier de La Croix-Maron, dans son logis de La Brée, près de Segonzac, chercha au début du XVIIIe siècle, à améliorer la qualité des eaux-de-vie en débarrassant l'âme du vin de ses impuretés par une seconde chauffe, donnant ainsi naissance au cognac. La conservation de cette eau-de-vie dans des fûts de chênes du Limousin lui fit acquérir sa saveur moelleuse, un bouquet plus affiné, une teinte chaude et dorée. Chauffé dans la main, dans un verre à pied bombé, le cognac exhale un parfum qui séduit l'odorat et dégage une saveur délicieuse, « liqueur de feu », selon Alfred de Vigny, « liqueur des dieux », d'après Victor Hugo. Avec la crise du phylloxéra, à partir de 1872, le vignoble passa de 280 000 hectares à 40 000 ; reconstitué, à la fin du XIXe siècle, il s'étend sur le département de la Charente-Maritime et sur la partie occidentale du département de la Charente où Cognac est, depuis 1946, le siège du Bureau interprofessionnel du Cognac, chargé d'élaborer et de gérer les réglementations concernant le vin, les eaux-de-vie et le pineau. Provenant de six crus délimités en 1938, Grande-Champagne, Petite-Champagne, Borderies, Fins Bois, Bons Bois et Bois ordinaires, le Cognac, universellement apprécié et trop souvent contrefait dans les pays étrangers, constitue, grâce à son exportation, une des ressources essentielles de la région.

Le Pineau, blanc ou rouge, dégusté en apéritif, produit dérivé du Cognac, est commercialisé depuis 1935. Selon Paul Dyvonne, son invention serait due au hasard : à la fin du XVIIe siècle, un maître de chai remplit par erreur de moût de raisin une barrique qu'il croyait vide, mais qui contenait quelques veltes (7,60 litres) d'eau-de-vie et la boucha. Au bout de quelque temps, il constata, en ouvrant la barrique, que l'alcool avait empêché la fermentation du vin, l'avait bonifié en le clarifiant, donnant, ainsi, naissance à un excellent breuvage, le Pineau.

L'art roman saintongeais.

De l'Océan Atlantique aux confins orientaux de la Charente-Maritime, chaque village, même le plus modeste, est doté d'une église romane dont les dimensions attestent souvent un peuplement beaucoup plus important qu'il ne l'est actuellement. Qu'il s'agisse d'un humble sanctuaire ou d'une église plus vaste, richement sculptée et dont les murs étaient jadis ornés de fresques, tous ces édifices sont les témoins de la foi des anciens qui, au début du second millénaire, ont couvert les campagnes de ces blancs édifices dont les sculptures constituaient un enseignement vivant et autour desquelles les défunts dormaient de leur dernier sommeil dans l'attente de la résurrection. En ces siècles difficiles, où guerres, épidémies, disettes, mortalité infantile accablaient les hommes, ces populations à la foi simple, mais profonde, démunies, le plus souvent, du nécessaire, ont, cependant, trouvé en elles les ressources morales et matérielles nécessaires à l'édification de ces sanctuaires dédiés aux Apôtres, à la Vierge Marie, mais aussi aux saints locaux dont la mémoire étaient entretenue par des pèlerinages auxquels participaient toutes les couches de la société, des seigneurs aux plus humbles paysans, en passant par la bourgeoisie naissante des villes.

L'histoire explique aussi ce foisonnement d'édifices religieux. Les abbayes, Bénédictins de Saint-Jean-d'Angély et de l'Abbaye-aux-Dames de Saintes, Cisterciens de la Grâce-Dieu de Benon, de Notre-Dame de Ré, de Saint-Léonard-des-Chaumes, de Notre-Dame-de-Charron, ont souvent suscité ces constructions et apporté les moyens matériels pour l'édification des églises. Les seigneurs de l'époque féodale ont, eux aussi, été des bâtisseurs traduisant par ces constructions l'élan religieux qui, au XIe siècle, mais surtout au siècle suivant, animait l'ensemble de la population. « On eut dit, selon le moine Glabert, que le monde se couvrant de poussière voulait se revê-

tir d'une blanche parure ». En deux siècles, plus de deux mille églises et chapelles furent ainsi élevées. L'accueil des pèlerins se rendant à Saint-Jacques-de-Compostelle n'a pas non plus été étranger à ce mouvement. Un des quatre chemins principaux conduisant à Compostelle passait, en partant d'Orléans, par Tours, Poitiers, Saint-Jean-d'Angély, Pons, Mirambeau, puis atteignait Bordeaux par Blaye. D'autres chemins secondaires, dont Saintes et Pons étaient les carrefours, drainaient des cohortes de « roumieux ». Les ports du littoral, et particulièrement Talmont, servaient aussi de débarcadères aux pèlerins venus par la mer.

Les intempéries destructrices de la pierre friable des façades battues par les vents d'ouest et les pluies, les dégradations et les destructions des hommes, des guerres franco-anglaises du Moyen Age à la Révolution de 1789, en passant par les luttes civiles du XVIe siècle, ont fait disparaître ou mutilé nombre de ces édifices ; beaucoup attendent encore, malgré les efforts des pouvoirs publics, une restauration rendue plus urgente encore par la solitude de trop d'églises privées de prêtres et de fidèles.

« Nulle part en France, l'art roman n'a connu plus de séduction », constate Émile Mâle. « Séduction de la matière elle-même faite de cette tendre pierre de taille des carrières de Sainte-Même, de Pons, de Saint-Vaize, séduction des lignes qui procurent une impression de pureté, de calme et de sérénité, séduction des jeux de lumière, grâce à la profondeur savamment calculée des voussures : soleil intense au premier plan qui va décroissant jusqu'à l'ombre enclose dans le dernier arc, souvent festonné, du portail » (Jean Verwaest).

La Saintonge médiévale n'est pas un univers clos. Entre le Poitou, le Limousin et la Guyenne, où l'art roman s'est aussi épanoui, l'art roman saintongeais ne constitue pas une « école », mais y revêt des formes diverses et multiples, des particularités qui lui donnent toute sa saveur : à de rares exceptions près, comme le note F. Eyguin, les églises saintongeaises sont de taille modeste et leur plan est simple : une seule nef et un chœur en hémicycle plus ou moins profond, réunis l'un à l'autre par un transept en général peu saillant et qui n'est même parfois constitué que par la travée du clocher où la surélévation de la coupole marque une zone d'ombre. Mais c'est surtout par l'ex-

La façade de l'église romane de Chadenac offre une riche décoration sculptée illustrant le combat du Bien et du Mal ; avec, en particulier, au centre du portail, le Christ couronné.

En pages suivantes :
Au milieu des bois, le château de La Roche-Courbon a été célébré pour la beauté de son architecture du XVIIe siècle par Pierre Loti qui l'appelait le « Château de la Belle au bois dormant ».

térieur que se distingue une église saintongeaise typique. Sa façade si particulière est souvent divisée en trois par de hautes colonnes. La porte d'entrée à voussures est accompagnée de deux arcs latéraux aveugles plus ou moins importants et ornés qui ont tendance parfois à diminuer, voire à disparaître complètement pour laisser plus d'importance au portail central, souvent très riche.

Des premiers temps de la chrétienté à la fin du premier millénaire, des églises ont été construites ou agrandies en utilisant parfois des matériaux anciens : à Thaims, l'église est fondée dans le balnéaire d'une villa romaine et renferme en sa maçonnerie des sculptures d'Epona, déesse protectrice des écuries, et le pressoir de Bacchus servant de piédestal à un dieu païen.

De nombreux courants ont inspiré architectes et artistes. Les premières églises romanes, héritières de l'art carolingien, prolongent, au XIe siècle, le petit appareil à Montherault ou à Saint-Thomas-de-Conac, et la sculpture archaïsante, à Bougneau ou Consac. Les influences poitevines se font sentir à Aulnay-de-Saintonge, alors située en Poitou. La cathédrale d'Angoulême a inspiré la flore décorative qui, après le premier tiers du XIIe siècle, enrichit les églises saintongeaises. On peut aussi reconnaître à Corme-Royal des rinceaux à chimères transmis par l'art des manuscrits ou de l'orfèvrerie venue d'Irlande. Les absides de Rioux et de Rétaud, surchargées, en arrivent même à un style baroque.

Les motifs ornementaux et les thèmes iconographiques de la sculpture reflètent l'évolution des mentalités. Le Combat des Vertus et des Vices d'Aulnay se répandit dans le Bordelais créant une chaîne de façades où il se retrouve joint au « Mystère de l'Époux », avec les Vierges sages et les Vierges folles, le combat des Vertus et des Vices, comme à Fenioux. A Corme-Ecluse ou à Marignac, l'artiste décrit un monde joyeux en marche vers un paradis très terrestre. Mais, à une époque où les troubadours et les trouvères parodient les moralités pieuses, les Vieillards de l'Apocalypse d'Avy se transforment en musiciens burlesques aux tignasses de bateleurs. A Fenioux, les zodiaques traduisent le rythme de la vie quotidienne assujettie au rythme renouvelé des saisons. Les sculpteurs empruntent aussi des motifs décoratifs à des scènes maritimes : la pêche du saumon, alors abondant dans l'estuaire de la Gironde, est représentée sur un chapiteau de Saujon, et sur un modillon de Saint-Fort-sur-Gironde où les corbeilles d'un chapiteau sont ornées d'un petit crustacé. Ainsi, les travaux de chaque jour inspirent ces artistes anonymes tout proches de la vie quotidienne des paysans et des marins qui fréquentaient les églises.

Pendant la période la plus brillante de l'architecture romane, les cryptes abritant les corps des saints patrons sont nombreuses, comme à Saint-Eutrope de Saintes. Certains édifices sont construits sur un plan en croix grecque, à Mainfonds ou Rouffiac. Si le modèle poitevin, avec sa nef contrebalancée par deux vastes bas-côtés éclairés se retrouve dans les plus grandes églises, telles Saint-Pierre d'Aulnay ou l'Abbaye-aux-Dames de Saintes, la plupart des édifices sont à nef unique, relativement haute, dont les voûtes ont souvent été détruites au cours des guerres. Le chevet, en général en demi-cercle, présente souvent de belles absides à pans coupés. Les architectes ont su élever avec habileté d'élégantes coupoles échelonnées le long de la Charente : Fléac-sur-Seugne, Champmillon, Rouillac, Roullet, Gensac-la-Pallue, Châtres, Cherves, Saint-Romain-de-Benêt sont parmi les plus remarquables.

Les façades sont assurément la partie la plus originale de ces édifices. L'existence de trois portes, dont deux sont souvent aveugles, constitue un motif décoratif équilibrant l'ornementation de la façade. Dans les grandes églises, comme Aulnay, Saintes ou Surgères, l'arcade des baies aveugles abrite de nombreuses sculptures. Dans les églises rurales, telles Châtres ou Echillais, les façades sont plus sobrement décorées. L'abondante décoration de la façade forme, comme à Rioux ou à Rétaud, une broderie. L'iconographie présente souvent un cavalier symbolisant l'Eglise triomphante, ou le Combat des Vertus et des Vices tiré de Prudence. Les sculptures des Vertus et des Vices s'allongent sous les voussures des portails à Fenioux, Fontaine-d'Ozillac, Pont-l'Abbé, Chadenac, tandis qu'à Aulnay elles sont devenues des hommes d'armes terrassant les vices. D'autres scènes sont plus classiques : le Pèsement des âmes à Saint-Eutrope de Saintes ; le supplice de saint Pierre à Aulnay, celui de saint Eutrope et de sainte Eustelle à l'Abbaye-aux-Dames. On rencontre aussi des décorations fantastiques : les animaux d'un chapiteau de Saint-Eutrope ou les éléphants d'Aulnay.

Toutes ces sculptures constituaient un enseignement vivant, un « sermon saintongeais », développant quatre thèmes essentiels qui s'enchaînent logiquement et apportent une réponse à l'éternelle question de la destinée humaine : le séjour terrestre est évoqué par le zodiaque, les travaux des champs, des scènes de la vie quotidienne ; il a une fin parfois illustrée par les vieillards de l'Apocalypse et il convient de s'y préparer, la parabole des Vierges sages et des Vierges folles traduit cette idée. Que faut-il donc faire ? La réponse est donnée par le Combat des Vertus et des Vices. Ceux qui feront triompher la Vertu connaîtront la vie éternelle et, pour toujours, seront aux côtés de l'Agneau.

De nombreuses lanternes des morts, situées dans les cimetières, étaient proches des églises ; les plus élégantes se trouvent à Fenioux et à Saint-Pierre-d'Oleron.

L'art gothique a laissé des monuments dignes d'intérêt dans l'architecture religieuse et l'architecture civile. Alors que pendant la période romane, la partie de la Saintonge située au sud de la Charente est la plus riche en monuments, à l'époque gothique, l'église de Saint-Jean-d'Angély, les clochers de Saint-Pierre de Marsilly et de La Rochelle témoignent de la vitalité de la Saintonge septentrionale et de l'Aunis. Avant la bataille de Castillon, en 1453, l'architecture militaire prend le pas sur l'architecture religieuse ; en témoignent les restes des châteaux forts et des fortifications à Conac, Merpins, Mirambeau, Montendre, la tour Saint-Nicolas à La Rochelle, les églises fortifiées d'Authon, Corme-Royal, Ecoyeux, Esnandes, Pérignac ou Thairé-d'Aunis.

Des habitations mieux adaptées à la vie quotidienne ont, peu à peu, à partir de la Renaissance, supplanté les châteaux forts de l'époque féodale, tout en conservant des éléments de défense encore indispensables pendant les luttes civiles du XVIe siècle. A Surgères, enjeu de combats au cours des guerres franco-anglaises des XIVe et XVe siècles, le château, avec son enceinte de 600 mètres de périmètre jalonnée de tours cylindriques abaissées à la Renaissance, a été habité par Hélène de Surgères célébrée par Ronsard. Le château de Buzay, à La Jarne, édifié, à partir de 1771, par l'architecte Ducrut, représente la création d'une famille rochelaise, les Harouard de Beignon, enrichie par le commerce maritime et colonial. Près de Marennes, le château de La Gataudière construit, à partir de 1749, par l'ingénieur du roi, François Fresneau, est un long rectangle animé en son milieu par un avant-corps. Au cœur de la Saintonge, parmi les châteaux allant de la forteresse médiévale à la maison de campagne, Crazannes, Usson, la Roche-Courbon, célébré par Pierre Loti, Plassac, sont les plus notables, mais ne sauraient faire oublier les innombrables « logis » dont est parsemée la campagne saintongeaise et aunisienne ; par la sobre élégance de leurs lignes, par la diversité des matériaux employés, moellons, pierre de taille, pierre de chaînage souvent blanchies à la chaux, ils constituent avec les modestes maisons rurales, un des éléments les plus attrayants du département que seule une lente promenade permet de découvrir.

Au terme de cette évocation d'une histoire qui a forgé l'unité de la Charente-Maritime, d'une promenade sur le littoral atlantique et à l'intérieur du département, puissent ces pages inciter les touristes à y effectuer de long séjours pour mieux comprendre une région où terre et mer, inséparables, constituent un des aspects les plus séduisants d'une vieille contrée, peuplée dès la préhistoire. Tout en s'efforçant de conserver et de mettre en valeur les témoignages de son passé, la Charente-Maritime n'en est pas moins résolument tournée vers l'avenir. Son climat tempéré, son littoral aux aspects si variés, ses îles à la luminosité éclatante, ses campagnes vallonnées et boisées, ses ressources maritimes et agricoles, l'ingéniosité et la volonté tenace de ses habitants offrent à cette terre d'équilibre les perspectives d'un avenir prometteur.

Aux confins du Poitou et la Saintonge, l'église Saint-Pierre d'Aulnay-de-Saintonge, avec ses lignes harmonieuses, son décor somptueux, la richesse de ses sculptures, est un chef-d'œuvre des bâtisseurs et des sculpteurs de l'époque romane.

Façade de l'église Saint-Pierre d'Aulnay. Les voussures du portail central sont ornées de sculptures gracieuses : anges adorant l'Agneau, Vertus exterminant les Vices, Vierges sages et Vierges folles, Signes du Zodiaque et Travaux des mois.

Collatéral sud de l'église Saint-Pierre d'Aulnay avec ses piliers massifs et ses chapiteaux historiés.

La femme adultère sur un chapiteau de l'église Saint-Sulpice de Marignac témoigne de la savoureuse fantaisie de la sculpture romane.

Dans ce Moyen Age reconstitué, qu'éclaire un vitrail provenant d'une église de Marennes, Pierre Loti a donné son célèbre dîner Louis XI.

Intendant de Rochefort au XVIIe *siècle, Michel Bégon a donné son nom aux bégonias. Avec près de mille espèces, la collection de bégonias de Rochefort est la plus importante d'Europe. Ici, le* bégonia radicans *brille de tous ses feux.*

Dès la période gallo-romaine, la vigne était cultivée en Aunis et en Saintonge, et, pendant le Moyen Age, elle a constitué avec le sel une des productions exportées par les ports de La Rochelle et des îles de Ré et d'Oleron. Elle tient encore une place essentielle dans l'économie du département, grâce, en particulier, au cognac et au pineau.

L'Hôtel de ville, symbole de l'autonomie et des libertés urbaines atteste, par ses constructions échelonnées sur des siècles, la stabilité des institutions municipales.

La porte de la Grosse-Horloge, une des portes de l'enceinte médiévale, faisait communiquer la ville avec le port.

KISS
ME
NOT
BNP

Le château de Jonzac où, en 1660, séjourna Louis XIV se rendant à Saint-Jean-de-Luz pour y épouser l'infante Marie-Thérèse d'Espagne.

Les ruines du château de Montendre témoignent du rôle de place stratégique joué par la ville pendant les guerres franco-anglaises du Moyen-Âge.

En pages suivantes :
Edifié dans la première moitié du Ier siècle, hors de la ville, dans un vallon du coteau de Saint-Eutrope, l'amphithéâtre, dit « Arènes de Saintes », est le monument le plus connue de l'antique Mediolanum Santonum.

Au centre de la vieille ville, s'élève la cathédrale Saint-Pierre, de style gothique flamboyant, dont le clocher inachevé devait être surmonté d'une flèche de 40 mètres.

Sur la rive droite de la Charente, l'église de l'Abbaye-aux-Dames, avec sa façade sculptée et son clocher recouvert d'écailles retournées « en pommes de pins », est une des plus belles réussites de l'art roman saintongeais.

Vue d'ensemble de la façade ouest de l'Abbaye-aux-Dames. Le portail central de la façade, achevé avant 1150, offre quatre voussures en plein cintre, amplement décorées de sculptures représentant la Flagellation, l'Agneau nimbé entouré des quatre évangélistes, le massacre des Innocents et les Vieillards de l'Apocalypse.

Les sculptures de la façade ouest de l'Abbaye-aux-Dames (dont, ici, un détail des rouleaux des arcatures du portail) témoignent de la richesse de la sculpture romane en Saintonge.

En pages suivantes :
La crypte de l'église Saint-Eutrope édifiée sur le tombeau d'Eutrope, apôtre de la Saintonge, date de la fin du XIe siècle.

La façade ouest de l'église de Biron dont la porte d'entrée à voussures sculptées est accompagnée de deux arcs latéraux aveugles.

En cours de restauration, l'abbaye de Sablonceaux fondée en 1136 par Guillaume X, duc d'Aquitaine, avec son église abbatiale et ses bâtiments conventuels.

L'abside à pans coupés de l'église de Rétaud, avec ses riches sculptures et ses modillons façonnés de grotesques.

Terre classique de l'art roman français ou « nulle part il n'a plus de séduction » (Emile Mâle), la Charente-Maritime offre dans chaque village une de ces églises de taille modeste qu'agrémentent une façade et des décors sculptés, comme ici, à Sainte-Colombe.

A la pointe de Chapus, le fort Louvois, édifié à la fin du XVIIe siècle, abrite un musée ostréicole accessible à marée basse.

Sur la côte ouest de l'île d'Oleron, le port de la Cotinière, spécialisé dans la pêche des crevettes et des sardines, offre le spectacle de ses chalutiers et de la vente du poisson à l'encan.

FORT LAPOINTE
FORT LUPIN

Sur l'île d'Oleron, les cabanes d'ostréiculteurs, parées de vives couleurs, s'alignent le long du canal d'Ors.

Entre La Pallice et Sablanceaux, le pont de 2,9 km de long allonge sa course jusqu'à 30 mètres au-dessus des plus hautes eaux, rattachant l'île de Ré au continent.

En pages suivantes :
Ile d'Oleron : vue aérienne de la pointe et du phare de Chassiron. Tout au long de cette côte de Chassiron des pêcheries à poissons ont longtemps fonctionné.

Le phare des Baleines guide les navires vers La Rochelle à l'entrée du pertuis d'Antioche et du pertuis Breton.

Le clocher de l'église d'Ars-en-Ré sert d'amer aux bâteaux, raison pourquoi il est bicolore : noir et blanc.

L'aquarium de La Rochelle, un des plus grands et des plus modernes d'Europe, accueille des espèces de toutes les mers du globe (© Aquarium de La Rochelle).

Table des matières

Crédit photographique

André Barathieu : p. 17, 20, 24-25, 28, 29, 56-57, 88-89. **Bertrand Cabrol** : p. 2-3, 10, 11, 14, 15, 32, 33, 40-41, 44, 45, 54, 61 à 64, 68 à 73, 80, 81, 83, 85, 87. **Pascal Moulin** : couverture, p. 6, 21, 36, 37, 48, 74, 75 à 79, 84, 86, 90, 91. **Guy-Marie Renié** : 4e de couverture, p. 50, 51, 65, 66, 67, 82. **Aquarium de La Rochelle** : p. 92.